POURQUOI LA GUERRE

EN 1861 ?

La crainte d'un conflit européen est très-répandue, et la prose folle des correspondants de Paris se répand dans la presse quotidienne pour préparer les esprits à une acceptation superficielle et apathique des atrocités de la guerre, si elle devait éclater. L'air d'assurance, avec lequel ces mystérieux personnages débitent d'un air léger et presque content leurs sinistres prophéties, ne saurait dispenser tout ami sérieux de la paix de se demander s'il est une seule puissance de l'Europe qui ait des motifs légitimes de déchaîner la collection de tous les fléaux sur la génération actuelle. Les grandes causes de guerre peuvent être ou matérielles ou morales. Voyons d'abord celles-ci :

I

On dit : Il y a trois empereurs en Europe, et la terre plie sous un tel faix. L'étymologie et l'histoire font d'un empereur un chef militaire aspirant à la suzeraineté de l'univers. Trois dépositaires d'un même et si gigantesque orgueil, répartis comme on voudra dans la petite Europe, sentiront que logiquement ils s'excluent les uns les autres, et raisonneront entre eux à coups de canon. Si la diffusion de la sociabilité internationale et d'un christianisme qui ne soit plus frelaté, amène jamais une paix européenne assurée, on désignera la partie la plus sanglante des annales humaines, sous le nom de période des empereurs : une durée de deux mille ans, plus ou moins.

Le nombre trois, qui a des vertus si merveilleuses, au dire de tant de gens, les perdrait-il entièrement lorsqu'il s'applique à des empereurs? Disons plutôt qu'il crée entre eux une pondération parfaite, et neutralise le danger de la monarchie universelle; c'est une nouvelle forme de l'équilibre européen. Les trop grands écarts sont prévenus; on sait que si deux empereurs s'allient entre eux, ils mettent le troisième aux abois. Et si deux entrent en lutte corps à corps, les regards obliques et très-significatifs du troisième donnent aux combattants un malaise assez promptement suivi de sentiments pacifiques. Il est à croire que la création d'un mode de vivre amical les tentera, puisqu'ils ne peuvent se faire aucune blessure grave. Qu'a produit la rude campagne de Crimée? A peine un accroc à la frange maritime de la Russie. Et la campagne de 1859 en Italie? Une diminution du revenu que l'Autriche en tirait; mais aucune perte de positions stratégiques. Avec ses quatre forteresses, l'Autriche commande la Péninsule et la plus rude guerre ne lui en arracherait peut-être pas deux. Quant à vendre la Vénétie au Piémont, elle ne le fera pas; ce serait la vendre à la France, béquille du Piémont pour un long temps incapable de marcher seul ; médecin du Piémont pour le purger du trop d'aliments dont il a imprudemment chargé son estomac. Chaque empereur a pour base une nation forte qui ne peut ni céder, ni sombrer ; l'impuissance de s'entamer sérieusement est un frein réel aux ambitions hostiles.

II

Et serions-nous destinés à voir la même cause qui amena les vingt années de guerre de la Révolution et de l'Empire produire encore les mêmes effets ?

Les souverains de l'Europe, par leurs rapports de parenté, forment une grande famille, et par leurs principes une caste. Au milieu de bien des diversités, ils ont certaines règles uniformes de conduite : ne se marier qu'entre eux ; ne lutter entre eux qu'à armes courtoises et surtout jamais avec la Révolution pour alliée ; l'intérêt et l'honneur spécial de leur ordre le prescrivent ainsi.

Victor-Emmanuel donnant à Garibaldi les marques de la plus étroite amitié, et mettant sur le pavé avec l'aide de la révolution italienne tous les souverains qu'on sait, doit certainement prendre aux yeux des rois, ses collègues, la position d'un homme déclassé.

Napoléon III, dont la carrière est absolument différente, est néanmoins dans une situation analogue, puisqu'il a dû épouser une sujette. Puis est survenu le mariage de son cousin dans la royale maison de Savoie, qui a resserré les liens entre les deux dynasties, et en a fait un petit groupe de souverains révolutionnaires tout à fait hétérogène à la pléiade des souverains légitimistes.

Mais il y a loin de cette opposition de couleur à la guerre d'extermination qui éclata entre Napoléon Ier et les anciennes maisons régnantes. L'importance des questions dynastiques a diminué sinon pour les cours, du moins pour les peuples. Le souverain tend de plus en plus à n'apparaître que comme un premier magistrat, et la noblesse a seule la prétention de conserver loyalement les sentiments datant de la féodalité. Tout ce qu'on demande à un souverain, c'est de gouverner peu ou bien, suivant que le pays est plus ou moins constitutionnel.

Il y a donc une sorte de nécessité, pour les souverains, d'admettre ce que la caste aristocratique a dû subir avant eux : la promotion des parvenus. Et au fond ils l'admettent, quitte à donner avec le temps le baptême d'adoption à ceux qui ne sont pas de leur sang, c'est-à-dire à leur accorder des épouses de maison princière.

Les forces sont aussi très-balancées entre les deux groupes ; les souverains légitimistes ont dû reconnaître qu'il y a dans l'occident de l'Europe un esprit, adversaire opiniâtre de leur système, et qu'il faut faire la part du feu. Napoléon Ier ne tomba que pour avoir foulé peuples et rois ; s'il eût ménagé les premiers, les têtes couronnées n'eussent point trouvé dans l'irritation des simples particuliers le formidable allié dont les coups ont tenu du prodige. Il ne serait plus nécessaire aujourd'hui de brûler autant de poudre pour s'attirer des haines aussi fortes ; les progrès de l'industrie et des arts sont tels qu'un mois de guerre ruine autant qu'un an alors. Un prince d'origine nouvelle et spontanée ne peut se consolider qu'en ménageant les nations enrôlées sous l'antique système des royautés légitimes; mais s'il les provoque et les combat, ne les porte-t-il pas à penser qu'une nouvelle dynastie est un fléau, et la légitimité seule un abri?

Ce n'est point par les anciens souverains de l'Europe qu'il faut s'attendre à voir donner le signal d'une guerre de principes; du moins si le maître de la France suit son intérêt réel qui est de vivre en harmonie avec eux.

III

Mais l'Italie, dont le monde entier parle, peut-elle être organisée sans une guerre?

Après beaucoup de sang répandu, la France et l'Autriche se sont mises d'accord pour vouloir une Confédération italienne.

Ce plan évite une guerre avec l'Autriche; cette puissance a posé les armes en entendant le mot de confédération, contente que la Vénétie, dont elle restait suzeraine, entrât dans le concert italien, pour y exercer une influence petite sans doute, et étroitement limitée. Ce n'est certainement pas un danger pour la nationalité italienne que l'aigle noire reste à ses portes, puisque le joug autrichien seul a pu opérer ce miracle de réunir les Italiens dans une même pensée; et que si toute crainte extérieure disparaissait, la force centrifuge, toujours puissante sur des caractères pareils, déchaînerait en un instant la lutte des principes politiques et une confusion générale.

Les conquêtes du Piémont ont dépossédé une maison royale et trois maisons ducales, et la mauvaise humeur que les souverains de l'Europe en ont conçue, est certainement un danger. Mais Naples prouve à ceux qui en voudraient douter qu'il ne se laissera jamais *piémontéiser*. Cette terre intolérante à tant d'égards, sera l'écueil définitif du projet unitaire sous sa première forme, et conservera son individualité comme la Hongrie vis-à-vis de l'Autriche; fût-elle toute soumise, au premier échec du roi italien elle ferait son pronunciamento napolitain. Il faudra certainement en venir au *fédéralisme*, solution vers laquelle les traditions de l'Italie la portent, malgré le fanatisme partiel dont le plan unitaire a su se fortifier. Napoléon III, sans se déclarer publiquement contre l'unité italienne à la manière du Piémont, ne laisse pas d'y opposer des obstacles insurmontables jusqu'ici, en occupant Rome et son territoire et en compliquant la question napolitaine. La seule capitale possible demeurée en des mains étrangères et la guerre civile allumée, c'est certainement là le plus grand obstacle à l'unité; prendre la Vénétie est une considération secondaire.

Le fédéralisme, ou la décentralisation extrême, était au fond la civilisation des pays latins avant l'invention de la centralisation despotique et jacobine. Ce qu'est l'ultramontanisme en religion, la centralisation l'est en politique. On soustrait au corps de la nation sa vie, ses droits, son argent, ses richesses et ses ambitions locales en tous genres, pour tout empiler dans une seule ville. Le corps s'étiole, la tête grossit. Puis étonnez-vous que cette tête souffre de pléthore, de congestion, de surexcitation, d'hallucination, et que des ébranlements révolutionnaires ruinent et la tête et le corps!

Souhaiter une Italie unitaire, ce serait vouloir une ville énorme et une nation d'automates; du moins l'exemple de la France nous fait craindre comme fruits d'un pareil système, le règne des mandarins, la servilité des administrés, le manque d'activité et d'intelligence politiques chez les citoyens, l'absence d'esprit d'association, la rareté des établissements d'instruction, l'ignorance des masses tant à l'intellectuel qu'au moral, des taxes absorbant le quart peut-être de la production nationale, la misère du peuple, un lourd impôt du sang, le mécontentement d'esprits ulcérés de tant d'oppression et convaincus que la société entière est haïssable et bonne à détruire; et pour couronner le tout, une ville babylonienne de grandeur et de corruption. Nous résumons : un empire romain en petit; l'anti-civilisation moderne. Est-ce là un idéal désirable pour l'Italie, et vaut-il la peine de se ruer sur l'Autriche et l'Allemagne pour le réaliser?

L'esprit s'arrête de préférence sur la création d'un groupe de trois à cinq Etats confédérés, rivalisant entre eux pour le développement des ressources locales, et donnant au principe républicain une représentation, Rome par exemple. Le système républicain a brillé en Italie avec tant de gloire, qu'il y a conservé jusqu'à nos jours des partisans convaincus et déterminés à revendiquer une place pour leurs idées au milieu du grand écroulement de vieilles choses auquel ils ont si énergiquement contribué. Les influences étrangères chercheront, sans aucun doute, à s'insinuer au milieu d'une confédération, mais le nouvel esprit national s'annonce assez intolérant pour y mettre des empêchements absolus; tout porte à croire que l'ancien génie guelfe ou gibelin, et les influences étrangères, sont des choses incompréhensibles aux modernes Italiens.

IV

L'ambition territoriale de la France, dit-on, peut être une cause de guerre. Elle reprendrait l'ancien programme de la frontière du Rhin ; convoitise de paysan qui lorgne l'arpent de terre du voisin, et ne dort pas de ce mal. On dit que Napoléon III se serait souvent arrêté tout pensif devant la carte de l'Europe ; aussi exigeant en fait de beaux contours pour son pays que le serait un statuaire pour une figure de Vénus, il trouverait la France informe sans cette adjonction. En imaginant ce plan, on ne s'arrête point à l'observation que le pays convoité est un de ces domaines qui restent dans les familles et dont rien ne déciderait le possesseur à se dessaisir, et on raisonne ainsi :

La France s'enflamme de nouveau pour l'objet de sa vieille passion ; l'Allemagne est divisée ; les Anglais, gros marchands enrichis, craignent le bruit ; la Russie se détourne vers un os à ronger ; le Piémont, devenu ce qu'il est à l'aide de Napoléon III, paie sa dette de reconnaissance et appuie ; bref, une entreprise douée des plus heureuses chances. Pour ne pas prendre le taureau par les cornes, la principale armée française effectuerait une marche de flanc sur Bâle et un coup d'Etat sur la neutralité suisse ; les chemins suisses et allemands du sud, transporteraient les envahisseurs au cœur de l'Allemagne surprise; les défenses accumulées le long du Rhin seraient tournées, paralysées, et la contestation se déciderait sur un de ces anciens champs de bataille de l'intérieur du pays.

Loin de nous la pensée de détourner la Suisse de prendre ses précautions; il est bien meilleur de s'endetter pour payer sa propre armée que pour satisfaire aux exigences d'un envahisseur; et il est urgent de préparer avant le temps les mouvements toujours un peu lents d'une confédération. Si la Suisse, puissance de troisième ordre, est complétement prête, elle devient presque un Etat militaire de second ordre. Néanmoins, tout en estimant les précautions les plus inusitées, légitimées par la seule possibilité de perdre le joyau de l'indépendance, il nous semble que le danger n'est point tel qu'on le fait.

L'invasion de l'Allemagne au travers de la Suisse, serait un tel détournement des forces requises pour couvrir Paris, que les Allemands recourant à la grande stratégie, faisant converger leurs principales forces vers cette capitale et négligeant toute autre considération, l'investiraient on même la prendraient. Que leur importerait de sacrifier temporairement une demi-douzaine de leurs capitales? Le sort de l'Allemagne n'en dépend pas; tandis que si Paris est investi, la France est paralysée et paie de sa défaite son système de centralisation.

L'importance de la Suisse comme passage d'Allemagne en Italie, c'est-à-dire entre les théâtres présumés de la guerre, est fort grande. Mais sa possession ajouterait peu aux facilités de communication rapide que possède la

France, par les voies ferrées qui relient le Rhin aux Alpes à travers son territoire ; tandis qu'elle serait désirable aux Allemands pour augmenter les ressources offertes par les passages du Tyrol. Supposons la Suisse forcée par les Allemands ; ils sont en mesure à la fois de couper la base d'opérations de l'armée italienne et d'envahir la France par le flanc ; ils y pénètrent, s'établissent à cheval sur le Mont-Cenis, le Rhône et la Saône, et interceptent les communications entre les forces du sud et du nord. La neutralité de la Suisse est donc moins précieuse à l'Allemagne qu'à la France ; elle épargne au second de ces pays une dispersion de forces, et le couvre au défaut de la cuirasse. Il pourra donc la payer d'un prix même fort élevé à ses yeux.

Une guerre dans un pays de montagnes serait très-contrariante pour les buts que poursuivent aujourd'hui des belligérants, surtout les Français. Les plus graves motifs les obligent à aller vite, à escompter, s'il est possible, les événements ; tandis que les opérations dans les montagnes sont à longue échéance, et que des obstacles imprévus y déroutent les meilleures combinaisons.. En plaine c'est déjà fâcheux d'avoir la population contre soi ; mais en montagne c'est un fait d'une gravité extrême.

Ce n'est pas du côté de la France qu'un danger nous semble à craindre pour la neutralité suisse ; au cas de guerre continentale, les aigles françaises passeraient probablement le Rhin de front, suivant l'ancienne et solennelle manière, et tenteraient une courte et sauvage guerre d'impétuosité dans les plaines de l'Allemagne. Courte, parce que si la guerre dure, le peuple allemand, méthodique en tout, a le temps de se former au triste métier des combats et de s'animer de plus en plus, tandis que le soldat français, aux débuts vaillants et inspirés, se démoralise lorsque l'amour-propre est en souffrance. La nation est aussi très-prompte à siffler si le succès n'est pas atteint en un tour de main ; l'*impresario* s'expose toujours à plus de dangers en France qu'ailleurs. Il est vrai que le système régnant, après avoir reçu le pouvoir de la main de l'armée, a réveillé la fibre guerrière. Le genre de moutonnerie appelé chauvinisme, fort à la mode dans ce moment, pousserait sans doute les Français, si on les consultait par le suffrage universel, à déclarer la guerre au monde entier. Mais le gouvernement résiste encore à un entraînement qui est son œuvre ; il sait que l'esprit démocratique actuel renierait toute complicité avec un chef malheureux.

Il faut encore mentionner l'idée, très-répandue, que les grands échecs napoléoniens ne se réparent pas. Ce système, dit-on, est un astre dont la course est roide et fatale ; il monte très-haut et redescend ensuite en proportion. Ne serait-ce point, en effet, qu'il est l'incarnation la plus tragique de l'ambition française ; s'il emploie à outrance, dans un but d'éclat extérieur, les forces de la nation la plus centralisée, il l'épuise et doit solder par de splendides infortunes.

V

Nous n'avons su voir aucune nécessité de guerre. Quant aux tentations, c'est différent ; elles abondent : l'oisi-

veté des grandes armées; les idées fixes, comme la frontière du Rhin; la jalousie contre un grand peuple libre;
et l'héritage de la féodalité, ce principe barbare qui
donne au prince seul le droit de déclarer la guerre si tel
est son bon plaisir. Toujours épris de cette vieille vanité, le
militaire, et la plupart du temps revêtus de l'uniforme,
entourés d'officiers, passant des revues, les princes vivent,
parlent et pensent comme si la guerre ne cessait pas un
seul jour de l'année. Le premier article d'une constitution
libérale devrait être : en temps de paix, le souverain est
tenu de ne se présenter à ses sujets qu'en habit bourgeois.

La force ne consiste pas essentiellement dans une armée
de six cent mille hommes; mais dans la sympathie des
nations européennes qui en peuvent armer des millions.
Il n'est point douteux qu'après l'annexion de Savoie tous
les peuples, grands ou petits, trouvassent plus facilement
de l'héroïsme pour éviter un sort pareil, que de l'enthou-
siasme pour l'accepter. La centralisation est un gouffre
que l'on redoute; l'homme, le citoyen s'y perd et devient
un administré; il faudrait bien des administrés pour
fournir un seul caractère original, et encore plus pour
représenter une conscience. On bafouera plus vite qu'on
ne croit la centralisation des Jacobins. Le monde tourne
aux Confédérations; le système fédéral de la Suisse est
déjà celui de l'Allemagne; on l'adopte en Autriche;
l'Europe le citera avec toujours plus de fierté, car c'est
le seul qui réponde aux besoins d'individualité et d'unité,
ces deux pôles de la vie européenne.

La France, si avancée et si isolée dans la voie opposée,

la centralisation, trouverait trop de difficultés à la quitter entièrement.

Les progrès qu'elle peut accomplir ne sont pas ceux de la liberté provinciale, mais de la liberté individuelle.

Imaginons, s'il est possible, une France libérale :

— Un Parlement réel et vraiment souverain ;

— Une milice, seule force permise par la constitution, à la place de l'armée permanente ;

— Les impôts diminués des trois quarts ;

— La réglementation à outrance supprimée en même temps que ses organes, les employés, dont on licencierait les trois quarts ;

— Les communes rendues à leur liberté naturelle ;

— L'instruction publique devenue industrie libre ; les cultes, libres et dégagés de toute autorisation préalable ;

— La liberté d'association et celle de la presse, sans limites comme en Angleterre et en Suisse ;

— Le souverain endossant l'habit bourgeois et se résignant à subir mainte contradiction, non plus de ses familiers, mais des représentants du peuple.

Une telle France inattaquable chez elle, n'attaquant plus ses voisins, ferait la propagande annexioniste la plus irrésistible et la moins redoutée ; c'est à qui s'annexerait à des principes analogues ; le désarmement de l'Europe en serait la première suite ; quatre millions d'hommes robustes qui perdent leur jeunesse dans ces prisons appelées casernes, seraient rendus à la liberté, aux travaux utiles et aux joies du foyer. Mais, hélas ! nous sommes éloignés d'un état de choses pareil de tout l'espace qu'occupe encore le stérile esprit de conquête.

Si des buts de réforme intérieure sont insuffisants pour occuper une nation, n'y a-t-il pas à coloniser de vastes continents dont la carte est à peine ébauchée ? Mais voici des nécessités plus pressantes ; deux parasites à convertir ou à supprimer : le papé, excroissance de la religion chrétienne et non de l'Italie seulement, et le patronage turc en Europe.

Est-il nécessaire de faire repasser le Bosphore à cent mille familles de vrais ottomans qui habitent en deçà ? Nous ne le pensons point. Cette race s'éteint peu à peu en Europe ; plutôt que de la refouler, ne vaudrait-il pas mieux la cerner par la civilisation de l'Occident. Le mot de protectorat serait la solution de la question d'Orient, comme le mot de Confédération, celui de la question italienne. Non plus un protectorat collectif à l'instar de celui qui s'exerce sur la Grèce, mais un protectorat spécial de chaque puissance sur une province désignée.

La domination turque en Europe, n'est qu'un protectorat en faillite et qui n'a rien fondé. On verra les nationalités Serbes, Bulgares, Albanaises, noms infortunés si longtemps enfouis sous les décombres, reparaître à la lumière par la plus légitime et touchante justice ; l'Autriche-Hongrie sera leur protectrice naturelle, condamnée qu'elle est à poursuivre la synthèse pacifique d'un dédale de peuples. Les Principautés danubiennes et l'Arménie sont dès longtemps moralement acquises au protectorat russe ; Chypre et la Syrie à celui de la France, et l'Egypte aux Anglais qui en émanciperont les malheureux fellahs. L'Allemagne pourra être appelée à donner un nouvel Othon à Byzance. La Grèce contentée tournera vers des buts pacifiques son esprit remuant, car les côtes de l'Asie mineure, où elle a des centaines de milliers de coreligionnaires, seront dévolues à son protectorat. Les liens d'une ancienne et commune civilisation seront renoués entre les plages de deux continents dont les rapports furent si intimes. Ces changements, en quelque sorte annoncés par tout le monde, ne demandent ni guerre, ni déplacement des populations turques qui continueront à vivre en paix dans les lieux qu'elles occupent; les puissances pourront ôter ou conserver à leur gré au sultan la suzeraineté nominale des pays protégés, et lui voter un subside pour aller se bâtir une résidence à Brousse ou Koniah et surveiller ses domaines immédiats en Asie.

Voilà le vrai problème territorial à résoudre pour l'Europe actuelle; la reprise de luttes surannées et stériles sur les bords du Rhin, clouerait pour cinquante ans de plus dans leurs résidences actuelles le pape et le sultan.

Genève. — Imprimerie Fick.